LETTRE

DE Mr. L'AB.. DE S....

AU

CITOYEN SANTERRE,

Sur son projet Béticide.

ARCHI-SANS-CULOTTES, bien loin de vous poursuivre par les armes du ridicule qu'on a semé à pleines mains sur votre sistème économique, fondé sur *la mort aux chiens & aux chats*, je vous proposerai des moyens de le perfectionner qui ont échappé aux plaisants, car les gens qui se moquent de tout ne raisonnent pas. Que les Aristocrates rechauffent donc contre des vues aussi patriotiques & aussi pleines d'humanité que les vôtres, tous les persiflages qu'on se permit contre ces mêmes réformes, lorsqu'un nommé *Mury*, citoyen estimable, auteur d'une infinité de projets, dont l'exécution mit à même cent frippons de s'enrichir & de le duper, les proposa jadis à Mr. Turgot, cela doit peu vous affecter.

*

Plagiaires en critique, comme moi en découvertes, pouvez - vous leur répondre, ce n'eft
pas Santerre qui n'inventa rien de fa vie, ce
font des illuftres économiftes que vous outra-
gez, & après avoir fait rire, vous finirez par
faire pitié.

Pour moi, citoyen Santerre, afin de mettre
à profit ce zèle avec lequel vous vous précipitez
à la barre, pour y propofer tout ce qui vous
eft communiqué d'utile au falut de la patrie,
(un peu en danger, puifqu'elle ne peut plus
fubfifter entre chien & chat, & continuer à
nourrir des animaux fi néceffaires), je me fais
un plaifir de vous faire part de quelques anec-
dotes, à l'aide defquelles vous pourrez fixer
l'attention des Législateurs fur un plan vafte
& lié déformais dans toutes fes parties : il eft
d'ailleurs affis fur des bafes entiérement à l'or-
dre du jour, *carnage*, *mort*, *deftruction*.

Je vous dirai donc que Monfieur Mury, cet
homme eftimable, dont je n'oferois affirmer fi,
plus que vous, il eut la gloire de calculer le
premier le nombre de facs de farine que la
deftruction des chiens & des chats conferveroit
à l'efpèce humaine, (car de fon tems c'étoient
encore des hommes qui habitoient Paris),

mais enfin qui, d'après ſes idées ou celles d'au-
trui, émit du moins ſon vœu avant le vôtre,
pour que ces animaux domeſtiques fuſſent tués,
& écorchés qui plus eſt, avoit fait encore ſur
leur dépouille des ſpéculations fort analogues
au beſoin de vos ſoldats demi-nuds.

Une préparation ſimple & admirable mettoit
le cuir de ces bêtes dans le cas d'être employé
ſous 24 heures, à faire des culottes, des capot-
tes, des gilets, des fourrures, des bonnets, des
guêtres & des ſouliers. Affublé de pied en cap
des étoffes de ſa nouvelle fabrique, je l'ai vu
ce vrai fanatique du bien public, vêtu de ſes
proſpectus, ne répondant aux objections des
critiques & aux demandes des curieux, qu'en
préſentant ſucceſſivement les diverſes parties
de ſon accoutrement. Fatiguer le nez des Dames qui le repouſſoient avec horreur, & effrayer
les enfants qui jettoient les hauts cris à ſa vue,
étoit peu de choſe, ou preſque rien à ſon avis.
Mais un inconvénient plus ſenſible le déſoloit,
& lui faiſoit preſſer d'autant plus vivement
l'exécution définitive de ſon projet, que c'étoit
un moyen infaillible de couper le mal dans ſa
racine.

Ce malheureux, à qui ſon goût, d'accord

avec ſes facultés, & une petite banqueroute eſſuyée ſur un établiſſement de carroſſes de place à Toulouſe, avoient fait prendre les voitures en averſion, ne pouvoit plus ſortir à pied; encore parvenoit-il rarement ſain & ſauve juſqu'à ſa porte, pour ſe précipiter dans un fiacre, dont le cocher avoit aſſez de peine à détacher de ſes jambes, à coups de fouët, tous les chiens du quartier acharnés après ſes mollets. Deſcendoit-il d'équipage; pas un Roquet qui ne japât à ſa vue, pas un Matou qui ne miolât en lui crachant au viſage, l'œil en fureur & le poil hériſſé. Capitaine de la garde Pariſienne, environné de piques, de ſapeurs & de hallebardes, il eut bravé ſans peine les attaques de ces anciens ennemis reconciliés, & coaliſés contre lui, & par des viſites domiciliaires aiſément prévenu leurs raſſemblements. A l'abri donc de pareils accidents, grand Santerre, ne craignez point de préſenter dans toute ſon étendue, l'utile projet du bon Mury.

Cependant, tandis que l'épargne de dix ſacs de bled par jour, & l'emploi des peaux des chiens & des chats à l'habillement des troupes, rallieront le miniſtre de la guerre & celui des ſubſiſtances à votre plan Bêticide, vous pourrez

(5)

encore par dès profondes confidérations mora-
les entraîner les fuffrages, prépondérants dans
l'affemblée, des vertueux Barrere, Dupont &
conforts. Un chien à la fuite d'un homme n'eft-
il pas une violation de l'égalité, n'annonce-t-il
pas dans celui qui fe donne cette efcorte une
méfiance de fon femblable? & de qui fe mé-
fier en France, au milieu de fréres égaux, en
probité comme en droits, fur-tout dès qu'on
fera fûr qu'il n'y a ni roi, ni nobles, ni prêtres
catholiques, ni émigrés de retour? Le luxe,
la vanité fi induftrieux à fe reproduire, fi nui-
fibles à un peuple qui fe régénère, fi perni-
cieux chez une nation où il n'y a plus d'argent ni d'honneur, ne trouveroient - ils pas
dans les chiens un fupplément à des gens, à
des pages ? & bientôt peut-être une meute rem-
placeroit-elle dans les anti-chambres, & der-
rière les équipages, les groupes faftueux de
laquais. Les femmes pourroient imaginer auffi
quelque moyen de fe diftinguer par leurs chats;
& ne voyoit-on pas déjà depuis quelque tems,
les Dames du bon ton reléguer les Matous dans
leurs galetas ou chez les bourgeoifes, ne fouf-
frant dans leurs appartemens, fur les canapés,
que des chats angolas?

Auroit-on oublié d'ailleurs que le plus fameux des defpotes, le cardinal de Richelieu, fe délaffoit avec des Minets de fon application continuelle à l'afferviffement des peuples? amufement fans lequel fon trépas, arrivé peut-être quelques années plutôt, eut avancé d'autant la grande époque de notre heureufe révolution.

Et lorfqu'on maffacre un Roi, parce qu'il a recueilli l'héritage de celui que la nation mit, il y a quatorze cents ans, fur le trône; lorfqu'on égorge les nobles, parce qu'ils poffédent fur les terres des rentes, au prix defquelles leurs peres avoient bien voulu les aliéner, pour en faciliter l'acquifition & le moyen de vivre, en les cultivant, à des gens fans argent pour les acheter ; lorfqu'on bannit des prêtres, qui ofoient percevoir des dixmes, pour lefquelles ils avoient fur les fonds une poffeffion antérieure à celle de tout propriétaire actuel ; où feroit l'injuftice de punir dans la race préfente des chats les crimes de ceux qui fe prêterent dans le dernier fiécle à faire rire un tyran, dont la confiance les mettoit fi facilement à portée de délivrer la nation ? & où feroit l'égalité dans les peines, fi la poftérité des chats coupables étoit épargnée, lorfqu'on immole fans pitié celle des

monarques, celle des grands & des princes,
des feigneurs, & jufqu'à la race même de nos
pontifes facrés?

Que chiens & chats foient donc victimés, &
fans appel à la nation, comme complices, fup-
pots, modes ou moyens d'ariftocratie, vint-on
à contefter (car que ne revoque-t-on pas
en doute aujourd'hui) l'utilité de leur mort
fous les rapports économiques fi fagement
propofés.

Tel eft l'avantage qu'il y a d'étayer un fiftème
par des principes éternels, pris dans les droits
imprefcriptibles des peuples, puifés dans les
maximes inaliénables de la raifon, que fans
répondre à aucune objection, & fans réfoudre
la moindre difficulté, on termine tout à fon gré.

Que quelque avocat donc, prenant en main
la caufe des chats & des chiens, fut-il plus élo-
quent que celui qui plaida fous la préfidence de
d'Oppede, celle des rats devant le parlement
de Provence (1), vienne effayer d'intéreffer
pour eux par le mérite de leurs ancêtres, en
nous montrant des chats au rang des dieux

---

(1) Voyez les détails de ce procès fingulier dans
l'Hiftoire de France, fous le régne de Henri II.

en Egypte, des chiens comptés parmi les ambaſſadeurs juſques dans l'Olimpe ; quelle faveur conciliera-t-il par-là à ſes clients devant un Aréopage, qui ſoumet à ſa réviſion les cieux & la terre, qui renverſe les trônes & qui proſcrit la Divinité ?

Qu'il faſſe crouler par ſes fondements, ce grand orateur, le calcul de l'épargne de milliers de ſacs de farine, en démontrant que les chiens, pour la plupart, bien moins de chats encore, ſont-ils nourris de pain, parce que les pauvres qui le leur refuſent, les forcent à chercher leur vie d'une maniere qui nous délivre du ſpectacle de mille objets dégoûtants, & que les débris des tables des riches fourniſſent aux leurs un aliment plus à leur goût, ſans eux perdu & inutile : on ſourit de pitié à ce nouveau Deſeze, qui croit être encore devant des juges qui cherchent la vérité, & au tems où on établit l'innocence en démontrant la fauſſeté des crimes dont on cherche à la noircir. L'imbécille a-t-il prouvé, ſe dit-on, qu'ils ne ſoient pas nés chats & chiens, eſpèce vorace dont le ſang doit arroſer l'arbre de la Liberté ?

Que ce défenſeur officieux exagère les grands ſervices qu'eux & leur race rendirent long-tems à l'efpèce humaine ; que leur fidélité, leur vigilance, leur activité infatigable contre les ennemis de l'homme & de fes meubles & immeubles foient préfentés avec autant de clarté, de force & d'énergie que les bienfaits d'un Louis XVI, on rend avec Damien Robefpierre hommage à leurs qualités, à leur bienfaifance, & on perfifte dans l'arrêt de mort.

Voulut-il enfin, leur confeil, faire valoir la confervation de l'efpèce dans l'arche, le témoignage rendu dans l'Ecriture à la fidélité du chien de Tobie, les comparaifons qui y font prifes, les leçons qui y font tirées de fes rares qualités ; fera-ce à l'autorité des Livres faints que s'arrêtera une philofophie auffi épurée de préjugés que celle de nos 739 Archontes ? Quelle confiance donnera-t-elle à ces guides aveugles de la raifon humaine durant tant de fiécles, une affemblée, qui plus éclairée par les feux pâles & livides des torches qu'elle a allumé pour incendier tout ce qui exiftoit avant elle, que par l'expérience de tous les tems qu'elle écarte comme trompeufe, que par les oracles des prophètes dont elle fe moque, que par les rêves qu'elle méprife de tous les philofophes antérieurs à Sicyes

& à Condorcet, ſçait aſſez le cas qu'on doit faire d'une Bible, où l'on trouve les preuves de l'exiſtence d'un Dieu, d'une révélation divine, de la néceſſité de mettre des bornes à une liberté qui, ſans cela, dégénéreroit en licence, de l'établiſſement de la diverſité des rangs & des fortunes, & juſques de l'origine des Princes & des Rois ?

Ce ſera ainſi, Général Santerre, qu'écho des plus grands publiciſtes, comme des ſpéculateurs les plus ſubtils, forçant ou entraînant les ſuffrages, vous aurez la double gloire d'avoir conduit votre Roi à la boucherie, & tous les chiens & chats à l'écorchoir.

Quel moyen plus propre d'ailleurs à faciliter l'exécution du décret qu'elle prépare pour abolir la peine de mort, auſſi-tôt qu'il n'y aura plus d'honnêtes gens en France, pourroit-on indiquer à la Convention, que de lui conſeiller de livrer aux Marſeillois, aux Bordelois, & à tous les tigres qu'elle a accoutumé à verſer le ſang, au Duc Égalité même, revenant bientôt de ſes campagnes légères, ſans avoir pu atteindre de ſes coups un ſeul ennemi, de leur abandonner tous les animaux, domeſtiques, deſcendants d'anciens favoris de

princes, de nobles profcrits & de Dames titrées
& qualifiées , tous les chats & chiens de la
France, pour être immolés à leur rage & à
leur fureur ? Ainfi le Législateur des Juifs,
qu'une erreur de plus de trois mille ans avoit
fait regarder comme un grand homme, rempli
de l'efprit de Dieu, jufques à ces jours de lu-
mière, vainqueurs de tous les préjugés nés
avec le monde, où paroiffent enfin les vrais
Législateurs , deftructeurs de tout ce dont
l'expérience d'une fuite d'âges, le confente-
ment de toutes les nations paroiffoit attefter
les avantages ; ainfi Moyfe ne parvint-il jadis
à abolir d'abord dans la Judée, & à fon exem-
ple infenfiblement dans tout l'univers, les fa-
crifices des victimes humaines, fubftitué fans
doute par des Jacobins, enfants de Caïn, à
ceux des fruits & des prémices des productions
de la terre, qu'en ordonnant de répandre le
fang des boucs & des taureaux fur l'autel.

Mais c'en eft affez, fans doute, pour juftifie
que la mefure de tuer tous les chiens & tou
les chats de Paris, & par voie de fuite tou
ceux de votre république, cette mefure qu
vous a paru fi propre à rétablir l'abondance
par l'économie de 3650 facs de bled par al

dans la capitale, (& qui peut calculer combien dans toute la France ancienne & moderne ?) mefure infaillible dans fes effets, ne repofe pas moins d'ailleurs, que toutes les autres opérations fondamentales de la Convention, fur les nouvelles découvertes du droit public des hommes, des bêtes, & des nations féduites & à féduire.

Je ne vous propofe donc pas la queftion infolente que j'ai entendu faire, fi les hommes, que vous prétendez faire vivre aux dépends de vos chiens & chats, valent mieux que ces animaux utiles, & fi ce n'eft pas là former le projet d'engraiffer des tigres & des loups, avec des agneaux ? Encore moins vous demanderai-je, pourquoi vous n'avez pas penfé à faire interdire la fabrication de la bierre, liqueur qui confomme beaucoup de grain ; boiffon purement de luxe & de gourmandife pour les riches, dans des climats où le vin eft auffi commun. Chut, me répondrez-vous, n'éventez pas la mine, Santerre eft braffeur de bierre pour fa vie, tandis qu'il n'eft général que pour celle de la République Françoife, au plus. N'attaquons donc pas la bierre, j'y confens fans peine ; mais je ne puis finir cette lettre fans

vous faire quelques obfervations fur une autre
partie de vos plans économiques, que les rail-
leurs, plus intéreffés à leur ventre qu'au fort
des chiens & des chats, n'ont paffé fous filence
que de peur, fans doute, de la voir adopter.

Vous avez propofé d'obliger les riches à fe
réduire de tems en tems aux pommes de terre,
afin que les pauvres puiffent fans interruption
& à bon compte manger toujours du pain blanc.
Très-bien, Mr. le Braffeur; mais ce que vous
n'avez pas ajouté, & ce qui eft pourtant indif-
penfable pour utilifer férieufement cette abfti-
nence, c'eft qu'il faut en évaluer le produit
& affujettir vos Xérophages à le payer. Autai
valoit-il donc propofer tout d'abord encore u
nouvel impôt fur cette claffe, dite des riches
claffe bientôt purement imaginaire dans ur
république, où ceux qu'on appelle les pauvre
les fans-culottes, vos foldats, réglent tou,
difpofent de tout, & prennent tout.

Ce fut ainfi qu'un parlement d'Angleterr
bien digne de fervir de modèle à votre Conve
tion, puifque ce fut celui qui fit perdre la tî
à fon Roi, au malheureux Charles Ier, fit p
blier une ordonnance pour obliger chaque
mille à fe priver d'un repas par femaine, &

fournir aux befoins publics ce que ce repas
pourroit coûter. Mais la valeur du repas fut
fixée , fans s'inquiéter beaucoup s'il étoit épar-
gné , & on obligea rigoureufement chacun à
la payer. Par cette tournure le parlement ne
crut pas avoir entrepris de mettre d'impôt.
Chez vous ce n'eft pas fans doute pour cou-
vrir un défaut de puiffance , que vous infinuez
la même rufe , mais pour diffimuler la violation déjà trop répétée des droits de l'égalité
dans les impofitions.

Plus francs autrefois les Spartiates , (quoi-
qu'ils euffent deux Rois au lieu d'un ,) n'ayant
ni argent ni affignats dans leur tréfor , prefcri-
virent un jeûne univerfel , fans diftinction ,
tant pour les hommes libres que pour les efcla-
ves , & pour les animaux domeftiques (car il
y en avoit à Sparte qu'on ne tuoit pas ,) jeûne
dont l'épargne produifit une fomme qu'on
prêta à Pamos , qui avoit envoyé des députés
pour reclamer des fecours.

J'avoue pourtant , que dans une république
comme la vôtre , dont les piques font émettre
tous les jours , au dedans comme au dehors ,
es vœux les plus libres en faveur des décrets ,
es plus vexatoires & les plus défaftreux , il

eſt aſſez prudent de ne dire les choſes qu'à
demi mot, à d'auſſi bons entendeurs, ſur-tout
que le ſont tous vos Clubiſtes. Ah ! depuis
trop long - tems ils ſavent, qu'en tuant & pil-
lant les riches, l'économie eſt tout autrement
claire & netté, qu'en ſe contentant de leur
impoſer des jeûnes & des privations en ſecret.
Tous ſeuls auſſi ſauront-ils bien déviner peut-
être, qu'après avoir tué les chiens & les chats,
il faut encore les écorcher. Oſerois-je pourtant haſarder de mon chef l'idée, au cas qu'elle
vint à leur échapper, d'en ſaler les chairs, pour
nourrir votre troupe antropophage durant le
ſiège de Paris !

Vous devez me juger d'après tout ceci, par-
faitement dans vos idées patriotiques, puiſque
je ne vous cache rien de ce que je crois propre
à perfectionner vos plans. Ne me croyez pourtant pas, je vous prie, ni *votre ſerviteur*, l'é-
galité les proſcrit ; ni *votre très-humble*, la
liberté nous a mis debout ; ni *avec reſpect*, la
république l'interdit juſques pour l'Etre ſuprê-
me ; je finis donc ſans cérémonie, en vous diſant,
Archi-ſans-culottes, au revoir quand vous aurez
grimpé l'échelle dont vous avez tenu le pied.

A . . . . . ce 24 *Février* 1793.